Chuva de Bênçãos

Por Jamgön Mipham
Com comentário de Lama Yeshe Gyamtso

Teresópolis 2018

©2015 Karma Tryiana Dharmachakra e Peter O'Hearn
Todos os direitos reservados
Os direitos desta edição são reservados a:
©2018 Editora Lúcida Letra

Publicado originalmente por:
KTD Publications, 335 Meads Mountain Road Woodstock, NY 12498, USA
www.KTDPublications.org

Coordenação editorial
Vítor Barreto

Tradução
Flávio R. de Souza e Lama Karma Tartchin

Revisão técnica
Grupo Marpa de Tradutores

Revisão
Thaís Carvalho, Nádia Ferreira

Projeto gráfico
Diego Navarro

Dados Internacionais de Catalogação da Publicação (CIP)

G996c   Gyamtso, Yeshe.
           Chuva de bênçãos / por Jamgön Mipham ; com comentário de Lama Yeshe Gyamtso. – Teresópolis, RJ : Lúcida Letra, 2018.
           80 p. ; 21 cm.

           Tradução de: Shower of blessings.
           ISBN 978-85-66864-62-5

           1. Budismo tibetano. 2. Bênçãos. I. Mi-pham-rgya-mtsho, 1846-1917. II. Título.

           CDU 294.3
           CDD 294.3923

Índice para catálogo sistemático:
1. Budismo tibetano   294.3

(Bibliotecária responsável: Sabrina Leal Araujo – CRB 10/1507)

Sumário

Prefácio — 04
Prefácio da edição brasileira — 06

O Ensinamento — 12

    Introdução — 13
    A Súplica de Sete Linhas — 18
    A Súplica a Yeshe Tsogyal — 24
    A Yoga do Guru — 28
    Os Sete Ramos — 35
    A Prática Central da Súplica — 39
    O banquete — 42
    O empoderamento e conclusão — 57

A liturgia — 60

Prefácio

Há alguns anos, os estudantes de Khenpo Karthar Rinpotche, o abade do Monastério Karma Triyana Dharmachakra, em Woodstock, Nova York, pediram a ele que lhes propiciasse uma prática adequada para ser feita no décimo dia do mês do calendário lunar, quando costumam ser feitas tanto as práticas de banquete como as liturgias focadas em Guru Padmasambhava. Em resposta, o Rinpotche ofereceu a eles a prática chamada Chuva de Bênçãos.

Desde então, essa prática vem sendo realizada como uma cerimônia costumeira no décimo dia de cada mês, na KTD e em alguns dos centros de Dharma afiliados. Já que eu recebi instruções detalhadas sobre a prática de Chuva de Bênçãos enquanto servia como intérprete de Khenpo Ugyen Trinley, um discípulo erudito de Khenpo Jigmey Phuntsok, fui designado para ensiná-la em setembro de 2007.

Desde então, muitas pessoas começaram a pedir que esses ensinamentos fossem publicados em livro, para que estivessem prontamente acessíveis ao crescente número de comunidades praticantes. O resultado foi este livro.

Gostaria de agradecer a Khenchen Thrangu Rinpotche, pela transmissão oral de Chuva de Bênçãos; a Khenpo Ugyen Trinley, pela explicação da prática; a Khenpo Karthar Rinpotche, por encorajar seus estudantes a praticá--la; a Maureen McNicholas, pela edição do livro; e a Peter van Deuzen, pela revisão desta publicação e por fornecer as belas pinturas da capa.

Espero que este livro seja útil, especialmente para aqueles que pediram que ele fosse publicado.

Lama Yeshe Gyamtso

Prefácio para a edição brasileira

Ao ingressar no caminho budista em 1989, eu sentia falta de livros sobre o budismo tibetano em português e me lembro que levou muito tempo para que começassem a aparecer algumas publicações em nossa língua. Na época, o budismo no Brasil era muito incipiente, em especial o tibetano, pois havia poucos centros e eram raras as visitas de mestres para nos conceder ensinamentos. Ter acesso a esses preciosos ensinamentos era raro e difícil, principalmente para aqueles que, como eu, não dominavam a língua inglesa, na qual já existia uma vasta gama de títulos publicados. Mais tarde, quando entrei para o retiro de três anos em Karme Ling, nos Estados Unidos, uma de minhas aspirações foi tornar acessível os ensinamentos do Buddha – estas maravilhosas joias de sabedoria – para os falantes de português. Em particular, dediquei-me aos ensinamentos da minha linhagem, a Karma Kagyu.

Como o Dharma é relativamente recente no Brasil, é de enorme importância que os ensinamentos do Buddha das linhagens do budismo tibetano sejam traduzidos para a língua portuguesa. Dessa forma, as pessoas em nosso país, ou os falantes da língua portuguesa em geral, terão acesso a essas instruções e as usarão para seu aprofundamento na filosofia e na prática budistas, e se nortear dentro das linhagens, conhecendo suas particularidades. Assim, poderão se dedicar àquela com a qual tenham mais conexão, com o entendimento de que a diferença entre elas é apenas uma forma de apresentação.

O desejo de ver as palavras dos mestres dos meus mestres traduzidas e publicadas em nossa língua-mãe continuaram latentes até então, crescendo e ganhando força para, enfim, florescer neste volume. Finalmente, esses ensinamentos vieram à tona graças a inúmeros fatores que se combinaram, às pessoas que se disponibilizaram a ajudar e tomaram para si a mesma aspiração de tornar o Dharma ainda mais acessível no Brasil.

Encontramos em Vitor Barreto, que se dedica a uma editora unicamente voltada para a publicação do Dharma, um casamento perfeito de nossas aspirações, e esta é nossa primeira parceria (de muitas, aspira-se) entre o Centro Budista Karme Thegsum Tchöling (KTT) e a Editora Lúcida Letra. A KTT conta com o Centro de Cultura e Artes Budistas Sarasvati, do qual faz parte o grupo Marpa de Tradutores, formado por praticantes responsáveis pelas versões em português das obras. Este é o primeiro de uma série de ensinamentos de Lamas da linhagem Kagyu que pretendemos disponibilizar para o público, em parceria com a Lúcida Letra.

Escolhemos o título Chuva de Bênçãos como debutante por sua flexibilidade para atender tanto aos interesses da linhagem Kagyu quanto Nyingma, uma vez que essa prática de Guru Rinpotche é amplamente usada em ambas as linhagens e é bem conhecida pelos centros budistas no Brasil. A publicação do comentário de Lama Yeshe Gyamtso sobre a prática composta por Mipham Rinpotche mostra-se oportuna, possibilitando que os conhecedores da prática adentrem em seu real significado, com visualizações, rituais e afins. Assim, a Chuva de Bencãos deixa de ser apenas uma liturgia para tornar-se uma profunda prática de Guru Yoga.

Este livro só foi possível graças à generosidade do Lama Yeshe Gyamtso, seu autor, e também a Maureen McNicholas e Peter Van Deurzen, da KTD Publications, que nos cederam os direitos autorais para a publicação. Sem seu apoio, jamais teríamos conseguido realizar esse projeto. A Vítor Barreto, da Lúcida Letra, por sua parceria. A todas as pessoas envolvidas no processo – tradutores, revisores, editores e demais profissionais que doaram seu tempo de trabalho em prol do Dharma, abrindo mão de reconhecimento pessoal. Agradeço principalmente a Khenpo Karthar Rinpotche, meu Guru e fonte de inspiração.

Que esse ciclo possa começar com as bênçãos de Guru Rinpotche, fazendo com que as pessoas tenham mais clareza e entendimento do real significado do Dharma do Buddha e que, dessa forma, o véu da ignorância se desvaneça, deixando brilhar a luz da mais pura sabedoria.

Lama Karma Tartchin
Janeiro de 2018

Este livro é dedicado a
Khenchen Thrangu Rinpotche

Chuva de Bênçãos
O Ensinamento

Introdução

Chuva de Bênçãos é uma prática de yoga do guru conectada a Guru Rinpotche, Guru Padmasambhava, também conhecido como Padmakara. A prática foi composta por Khenchen Mipham (1846-1912), um grande mestre da tradição Nyingma do budismo tibetano que também exerceu grande influência na tradição Karma Kagyu. Ele passou muitos anos de sua vida no Monastério de Thrangu, no leste do Tibete. Consequentemente, a tradição de eruditos Karma Kagyu está intimamente conectada com Mipham Rinpotche, especialmente por meio de Khenchen Thrangu Rinpotche e outros mestres, tais como Khenpo Karthar Rinpotche.

Por muitos anos, Khenpo Karthar Rinpotche vem encorajando seus estudantes a praticarem esta yoga do guru. Em 1979, ele apresentou uma cópia desse texto no nosso centro, em Montreal. Mais recentemente, diversos discípulos do Rinpotche lhe pediram uma liturgia que pudessem usar como um festim, uma prática de banquete no décimo dia do mês. Devia ser algo simples o suficiente para qualquer um poder praticar. A resposta do Rinpotche foi a recomendação desta prática de yoga do guru.

Eu recebi a transmissão de Chuva de Bênçãos de Khenchen Thrangu Rinpotche. Também recebi instruções detalhadas – que vou tentar transmitir a vocês – de um lama do leste do Tibete, chamado Khenpo Ogyen Trinley. Esse khenpo Nyingma fora treinado por Khenpo Jigme Puntsok, grande mestre que fundou um enorme acampamento de dharma no leste do Tibete.

Gostaria de fazer uma introdução sobre a importância dessa prática, antes que entremos nela de forma mais detalhada. A primeira coisa que precisamos observar é a relevância da prática de yoga do guru em geral. Muitas de nossas práticas são yoga do guru. Chuva de Bênçãos é a última das quatro práticas preliminares conhecidas como Ngondro. Além disso, na tradição Karma Kagyu, nós também praticamos yoga do guru de Marpa, Milarepa, Gampopa e Karma Pakshi, o Segundo Karmapa. Praticamos ainda diferentes formas de yoga do guru relacionadas a Guru Rinpotche.

Mas, afinal, o que é yoga do guru? Guru significa "professor espiritual". Yoga pode ser usado em relação a vários tipos de prática, mas tem a conotação de "união". Em essência, yoga do guru é qualquer prática feita para mesclar a sua mente com a do guru. Pode ser focada na figura do seu guru, mentalizando a sua aparência como você de fato a percebe, mas, frequentemente, é focada em uma figura da sua linhagem, tal como Vajradhara, Guru Rinpotche, Marpa, Milarepa ou Gampopa. Ou seja, na conexão com seu guru inseparável.

O que significa mesclar a sua mente com a mente do guru? Será, de fato, misturar duas coisas diferentes? Não. Misturar ou mesclar sua mente com a do seu guru é reconhecer a natureza de sua própria mente por meio da devoção ao guru. Já que a natureza da mente do guru e a da sua mente são a mesma, quando você reconhece essa natureza, reconhece também a sua unidade.

Isso pode deixar você surpreso. Ora, nós não somos encorajados a pensar na grande diferença entre a nossa mente e a mente do guru? O guru é um ser desperto, a corporificação da compaixão e da sabedoria; nós somos seres samsáricos que dependemos do guru para nos guiar. Também aprendemos que a devoção é marcada pela humildade, e nunca pela arrogância de pensar que somos iguais ao guru. Isso é verdadeiro, mas o propósito da humildade em relação à devoção é nos tornarmos receptivos à sabedoria do guru. Embora na prática de yoga do guru reconheçamos a aparente separação entre guru e discípulo, um dos seus propósitos é quebrar esse sentido existente de separação. Isso só é possível porque, de fato, a natureza de nossas mentes já é idêntica à natureza da mente do guru.

Para entender isso, precisamos fazer uma distinção entre o que é nossa mente deludida e qual é a sua natureza. Nossa mente deludida não é idêntica à do guru; o guru é nosso guru porque está livre da delusão. A natureza de nossas mentes, contudo, não é diferente da natureza da mente do guru. Ele ou ela já reconheceu essa natureza e, assim, se libertou da delusão; nós ainda não a reconhecemos e, por isso, permanecemos deludidos. Nós praticamos yoga do guru para nos tornarmos semelhantes ao guru: livres da delusão.

Embora nossas mentes sejam tão deludidas, a sua natureza não é nada senão vacuidade; mas vacuidade que "conhece". Nossas mentes são vazias, exatamente como tudo o mais também é. Entretanto, o que faz a mente ser diferente de qualquer outra coisa vazia é que, apesar do seu vácuo, ela percebe, ela tem experiências. Isso é o que nossa mente realmente é, e a mente do guru é assim também. Portanto, a principal diferença entre nós e nosso guru é que ele ou ela veem a mente deles exatamente como ela é, e nós, por enquanto, não.

A mente de cada um de nós, mesmo se não a reconhecemos, é idêntica à mente do guru, que a reconhece. Portanto, a prática de yoga do guru nos ajuda a reconhecer a natureza de nossas mentes por meio da devoção, e nunca deve ser subestimada.

Os Tantras dizem que é melhor meditar somente na forma do guru do que meditar em um milhão de divindades; é melhor mesclar a nossa mente à do guru por um único momento que seja do que meditar no estágio da completude por um milhão de kalpas. O jeito mais fácil – alguns diriam que é o único – de reconhecer a natureza de nossa mente é por meio da devoção. A melhor devoção conduz à melhor meditação; uma devoção medíocre conduz a uma meditação medíocre; e uma devoção pobre conduz a uma meditação pobre. Essa é uma das principais razões pelas quais praticamos yoga do guru.

Dentre as várias práticas de yoga do guru, por que fazemos uma com foco na figura histórica de Guru Rinpotche, Guru Padmasambhava? Há duas razões. A primeira é que Guru Rinpotche é uma emanação do Buddha que apareceu para ensinar o vajrayana ou tantra; e por isso, costumamos chamá-lo de o Segundo Buddha.

A segunda razão para venerarmos Guru Rinpotche é sua atividade particular, necessária quando o Dharma é levado de um lugar para o outro, de uma cultura para a outra. Por isso, consideramos muitos dos grandes mestres das diversas tradições budistas como emanações de Guru Rinpotche, Padmasambhava.

É necessário um tipo certo de professor para transpor o tremendo vão que há entre uma cultura e outra. Uma coisa que um professor desse tipo precisa ser capaz de fazer é subjugar a arrogância da cultura local. Todas as culturas consideram aquilo que é estrangeiro, incluindo aí o budismo, inicialmente, como algo suspeito. Guru Rinpotche venceu a resistência do povo tibetano e dos espíritos locais por meio da mensagem budista de compaixão universal; nós, portanto, buscamos a sua bênção para que assim possamos superar nossa própria resistência. Só podemos superar nosso orgulho cultural e pessoal por meio da devoção.

A qualidade que capacita um professor para levar o Dharma para outra cultura é uma compaixão cálida. Falamos frequentemente sobre os poderes milagrosos de Guru Rinpotche, mas é importante lembrar que seres como ele e Gyalwang Karmapa são poderosos porque são perfeitamente compassivos; são verdadeiramente a perfeita corporificação da compaixão. Pela veneração a Guru Rinpotche, nós invocamos esse calor, a calidez que é capaz de derreter o gelo de nosso egoísmo rígido, essa identidade a que somos tão apegados.

A Chuva de Bênçãos está focada na prece Súplica de Sete Linhas. Ela é recitada no começo da prática, junto com a súplica à mestra tibetana Yeshe Tsogyal, e é acumulada também como a parte central da prática. Nós vamos começar dando uma olhada nessas duas preces. Em seguida, abordaremos o significado e as visualizações da prática.

A Súplica de Sete Linhas

A primeira dessas duas súplicas, A Súplica de Sete Linhas, é geralmente considerada a mais importante de todas as preces a Guru Rinpotche. Devemos começar dando uma olhada na história da prece.

Guru Rinpotche surgiu, pela primeira vez, em uma flor de lótus, em um lago possivelmente localizado onde hoje é o Paquistão, na época conhecido como Uddyana. A prece era cantada para ele por várias dakinis, seres femininos iluminados, como um convite para que ele aparecesse no mundo. Mais tarde, ele ressurgiu no Monastério de Nalanda. Era uma das mais importantes instituições monásticas e eruditas do budismo indiano, onde Naropa e outros grandes mestres do budismo ensinaram. As ruínas de Nalanda ainda existem, e visitei o local durante uma peregrinação, em 1986.

Debates entre budistas e não budistas eram aparentemente comuns em Nalanda. Havia alguns riscos envolvidos nisso, uma vez que os debates aparentemente eram públicos. Se os budistas começassem a perder regularmente os debates em que se envolviam, as pessoas poderiam começar a fazer suposições sobre a autenticidade do Buddhadharma.

A história da Súplica de Sete Linhas em Nalanda é a seguinte: em certo momento, os quinhentos mahapanditas de Nalanda estavam sendo derrotados pelos desafiantes hindus em todos os debates. Uma noite, esses panditas, muito preocupados, acabaram tendo o mesmo sonho. Uma dakini apareceu a eles e disse: "Nenhum de vocês é capaz de derrotar esses desafiantes no debate; somente meu irmão é!"

Em seus sonhos, cada um dos panditas perguntou à Dakini: "Como posso convidar seu irmão para vir aqui?"

Ela disse a cada um deles: "Vocês todos devem ir até o terraço do templo central e chamar por ele com essas palavras." Então, ela ensinou a eles a Súplica de Sete Linhas.

Na manhã seguinte, os panditas descobriram que tinham tido o mesmo sonho. Subiram, então, até o terraço do templo central, colocaram primorosas oferendas ali, e recitaram a Súplica de Sete Linhas. Guru Rinpotche surgiu no meio deles e, sozinho, derrotou todos os desafiantes no debate.

A Súplica de Sete Linhas é também um tesouro ou terma descoberto por um dos primeiros reveladores de tesouros, Guru Chökyi Wangchuk, compondo o Guru Guhyasamaja. Nesse ciclo de ensinamentos, está escrito que, se uma pessoa recitar a prece com sinceridade, Guru Rinpotche não terá outra escolha senão realmente vir até ela.

A Súplica de Sete Linhas é extraordinária. É uma afirmação da grandeza de Guru Rinpotche, uma prece que pede suas bênçãos e um convite para que ele venha até você. Pode ser recitada sozinha, no começo de qualquer outra prática ou no contexto deste yoga do guru.

A prece começa com a sílaba HUM, que representa as cinco sabedorias e, portanto, a mente de todos os Buddhas. Nós recitamos essa sílaba no começo da prece para invocar a mente iluminada de Guru Rinpotche.

A primeira linha é:

HUM ORGYEN YÜL GYI NUB DJANG TSAM
Na fronteira noroeste do país de Uddiyana,

Uddiyana é o antigo nome do que hoje, provavelmente, é parte do Paquistão. Há muito tempo, era o lar dos ensinamentos vajrayana. Muitos dos tantras originais foram levados de Uddiyana para a Índia central. Foi lá também que Guru Rinpotche fez sua primeira aparição. Embora o texto pareça se referir à fronteira noroeste de Uddiyana, o que ele quer dizer é "Uddiyana, no noroeste do Subcontinente indiano". Assim, a primeira linha nos diz onde Guru Rinpotche fez sua primeira aparição.

A segunda linha diz:

PEMA GUE SAR DONG PO LA
No centro do caule de uma flor de lótus,

O caule é mencionado para mostrar que se trata de uma flor viva e que Guru Rinpotche foi encontrado no seu topo central. Guesar significa o "centro de uma flor".

A terceira linha é:

YA TSEN TCHOG GUI NHÖ DRUB NYE
Você alcançou o maravilhoso supremo siddhi.

Guru Rinpotche alcançou o incrível siddhi supremo, o despertar perfeito. A terceira linha indica que ele atingiu esse estado no momento de sua primeira aparição ou já o tinha alcançado antes.

A quarta linha é:

PEMA DJUNG NE JE SU DRAG
Você é chamado Padmakara,

Padmakara significa Nascido do Lótus. Guru Rinpotche ostenta esse nome porque apareceu pela primeira vez dentro de um lótus.

A quinta linha diz:

KHOR DU KHANDRO MANG PÖ KOR
Você está rodeado por muitas dakinis.

A sexta linha é:

KYE KYI DJE SU DAG DRUB KYI
Eu seguirei seu exemplo na prática e realização.

A sétima linha é:

DJIN GYI LAB TCHIR SHE SU SÖL
Eu suplico para que você venha aqui conceder suas bênçãos.

Nós precisamos olhar de perto a conexão entre a sexta e a sétima linhas. A sexta é muito importante porque afirma a base de nosso pedido ou súplica. Na sétima, pedimos a Guru Rinpotche para vir até nós e nos abençoar. A importância da sexta linha é afirmar a razão da nossa confiança de que Guru Rinpotche virá. Os seres despertos abençoam qualquer um mas, para receber suas bênçãos, devemos buscar seguir o seu exemplo. Porque, se seguirmos o exemplo de Guru Rinpotche por meio da prática, ele pode e, com certeza, nos abençoará.

Essa prece é um pouco como uma carta. As primeiras cinco linhas nos lembram da magnificência de Guru Rinpotche e são como o cabeçalho e a saudação no topo da carta. A sexta linha é nossa explicação, a razão do nosso pedido. É como escrever: "Eu estou tentando fazer o que você fez, mas preciso de ajuda." A sétima linha é nosso pedido de verdade: "Eu suplico que você venha aqui e conceda suas bênçãos." Nós concluímos a prece com o mantra do nome de Guru Rinpotche GURU PEMA SIDDHI HUM. Siddhi significa "realização". Por isso, o mantra é outra maneira de pedir por suas bênçãos e, assim, nós poderemos obter a realização que ele já corporifica.

O sinal de que nós recebemos as bênçãos de Guru Rinpotche ou de qualquer outro ser desperto é que nós mudamos para melhor. Se não manifestarmos nenhuma melhora, é porque não estamos recebendo as bênçãos de um ser iluminado. Essa prece tem também muitos outros níveis de interpretação e significado. Para aprendê-los, sugiro a leitura do livro *Lótus Branco*, de Mipham Rinpotche, uma explanação completa dos diversos níveis de significado dessa prece. O Comitê de Tradução Padmakara traduziu e publicou a obra pela editora Shambhala Publications. No Brasil, o livro foi publicado pela Editora Lúcida Letra.

A Súplica a Yeshe Tsogyal

Outra prece recitada antes da prática principal é a súplica a Yeshe Tsogyal, composta pelo 15º Gyalwang Karmapa Khakyab Dorje. Yeshe Tsogyal foi uma nobre tibetana originária de um dos seis clãs regentes do local. Ela se tornou a mais avançada e importante discípula de Guru Rinpotche. Dentre suas muitas qualidades, tinha uma memória eidética, ou seja, a habilidade de recordar com exatidão todos os ensinamentos que ouvia ou lia. Ela é considerada uma emanação de Sarasvati, a deusa do conhecimento, e também de Vajrayogini. Alcançou o perfeito estado desperto e foi, assim, uma dentre a primeira geração de budistas tibetanos a atingir a suprema realização. Também era a consorte espiritual de Guru Rinpotche enquanto ele esteve no Tibete.

A primeira linha de sua súplica é:

GYAL KÜN KYE YUM TCHÖ YING KÜN ZANG MO
Mãe de todos os Buddhas, Dharmadhatu, Samantabhadri,

Cada Buddha só se torna um Buddha quando realiza perfeitamente a verdadeira natureza de todas as coisas, o dharmata. Como o dharmata é a natureza de todas as coisas sem exceção, também é chamado de dharmadhatu, a "vastidão de todas as coisas". O dharmadhatu não é apenas vacuidade; ele é inseparável da sabedoria que a realiza. Por quê? A sabedoria que realiza a verdade absoluta é autodesperta, não é uma cognição dualista. Portanto, o objeto dessa sabedoria é a natureza da sabedoria em si. Nós, assim, podemos chamar o dharmadhatu de Mãe de Todos os Buddhas, pois sua realização é o nascimento do estado búdico. Já que a sabedoria realizadora, o dharmakaya, é inseparável do dharmadhatu realizado, também podemos chamá-la de Samanthabhadri, que é o nome feminino dado ao dharmakaya. Quando alguém atinge a iluminação, torna-se a sabedoria do dharmakaya. Como Yeshe Tsogyal alcançou tal sabedoria do dharmakaya, ela é Samanthabhadri, inseparável do dharmadhatu.

A segunda linha é:

BÖ BANG KYOB PE MA TCHIG DRIN MO TCHE
Única mãe bondosa e protetora dos tibetanos.

"Única bondosa mãe" significa que ela é como a mãe de todos os seus seguidores, tibetanos ou não. Ela nos protege tanto dos renascimentos inferiores como dos problemas desta vida.

A terceira linha é:

NHÖ DRUB TCHOG TSÖL DE TCHEN KHANDROI TSO
Concessora do siddhi supremo,
a dakini mais distinta do mahasukha,

Yeshe Tsogyal corporifica não apenas a sabedoria do dharmadhatu, mas o efeito dessa sabedoria, que é mahasukha, a grande bem-aventurança. Yeshe Tsogyal concede o siddhi supremo pelas bênçãos que confere a seus devotos.

A quarta linha é:

YE SHE TSO GYAL JAB LA SÖL WA DEB
Eu suplico aos pés de Yeshe Tsogyal.

Isso significa que você está suplicando a ela com grande respeito.

A quinta linha especifica aquilo pelo que você está rezando:

TCHI NANG SANG WE BAR TCHE JI WA DANG
Pacifique os obstáculos externos, internos e secretos,

Obstáculos externos são os problemas no mundo externo, tais como guerras e desastres ambientais. Obstáculos internos são as doenças e os problemas físicos. Obstáculos secretos são nossos kleshas e os problemas mentais.

A sexta linha é:

LA ME KU TSE TEN PAR DJIN GYI LOB
*Conceda suas bênçãos para que a vida dos gurus
possa ser estável.*

Pedimos que ela assegure que a vida de nossos gurus seja longa e que sua saúde seja boa.
A sétima linha é:

NE MUG TSÖN KAL JI WAR DJIN GYI LOB
*Abençoe-nos para que este tempo de doenças,
fome e guerras seja pacificado.*

Isto é fácil de entender.
A oitava linha é:

DJE PUR BÖ TONG JI WAR DJIN GYI LOB
*Abençoe-nos para que as maldições, magias negras e
difamações sejam pacificadas.*

Aqui pedimos a ela para nos proteger das maldições dos outros.
A nona linha é:

TSE PAL SHE RAB GYE PAR DJIN GYI LOB
*Abençoe-nos para que a vida, riqueza
e sabedoria aumentem.*

"Vida" significa vitalidade, bem como longevidade. "Riqueza" significa abundância e recursos. "Sabedoria" significa inteligência e conhecimento.

A décima e última linha é:

SAM PA LUN GYI DRUB PAR DJIN GYI LOB
Abençoe-nos para que nossos desejos sejam espontaneamente realizados.

Nós concluímos a prece pedindo a ela que promova a realização de nossos desejos sem esforço ou luta.

Esta prece é recitada apenas uma vez no começo da sessão e, então, começamos a parte principal, a yoga do guru.

A Yoga do Guru

A prática principal começa com a palavra "A". "A" é considerada a mais fundamental unidade de linguagem, o som fundamental. Embora "A" seja um som, representa aquilo que não é criado, que não é nascido. Dizer "A" no começo da prática indica que nós vamos meditar na natureza última de todas as coisas, na forma de nosso guru inseparável de Guru Rinpotche.

A primeira linha é:

A! RANG LÜ TA MAL NE PE DÜN KHA RU
No espaço à minha frente, minha forma comum,

Nessa prática, não nos visualizamos como a divindade. A linha seguinte é:

ORGYEN DRI ME DHA NA KO SHE TSO
Está o lago imaculado de Dhanakosha de Uddiyana.

Imagine que o reino inteiro de Uddiyana surge no espaço em frente a você. No seu centro está o amplo, pacífico e belo Lago Dhanakosha. Devo advertir que, embora Uddiyana costume ser o nome do local onde hoje é o Paquistão, você não deve imaginar esse país. Imagine o reino puro e celestial de Uddiyana, o reino dos vidyadharas das dakinis.

A próxima linha diz:

TING ZAB YEN LAG GYE DEN TCHÜ GANG WE
Ele é profundo e sua água possui as oito qualidades.

As oito qualidades da água no Lago Dhanakosha são: doçura, frescor, suavidade, leveza, transparência, pureza, agradável ao engolir e benéfica para o estômago.

A próxima linha é:

WÜ SU RIN TCHEN PE DONG DAB GYE TENG
No meio está um precioso lótus desabrochado.

O talo dessa flor de lótus é muito largo, como o tronco de uma árvore. Suas pétalas são inúmeras e de todas as cores. O lótus é feito inteiramente de joias, mas ele é uma flor viva. Todas as suas pétalas azuis são feitas de safira e, ainda assim, são flexíveis e suaves. Todas as pétalas vermelhas são feitas de rubi, as brancas são de cristal ou diamante, as pétalas verdes são de esmeralda e as amarelas, de topázio.

O centro da flor está coberto por duas almofadas que são círculos perfeitos. O primeiro é o sol. Ele não é uma esfera, mas um disco de luz brilhante amarela ou laranja. Sobre o disco de sol está o disco de lua, que também não é uma esfera nem possui crateras ou manchas escuras. É um disco perfeito de luz branca refrescante.

A próxima linha é:

KYAB NE KÜN DÜ ORGYEN DORDJE TCHANG
Em cima dele está Uddiyana Vajradhara,
que corporifica todos os refúgios.

Sentado sobre o lótus, na postura vajra, sol e lua, está Guru Rinpotche na forma de Uddiyana Vajradhara. Existem muitas formas de Guru Rinpotche: esta é uma delas. Eu vi thangkas com esse desenho, exatamente como está na liturgia, e vou descrevê-lo adequadamente.

Guru Rinpotche corporifica todas as fontes de refúgio. Sua mente é o Buddha, o dharmakaya, o verdadeiro Buddha. Sua fala é o Dharma. Seu corpo é a Sangha. Todos os yidams são suas qualidades. Todos os protetores são suas atividades.

A próxima linha é:

TSEN PE PAL BAR TSO GYAL YUM DANG TRIL
Com sinais e marcas esplêndidas, ele abraça a mãe Tsogyal.

Guru Rinpotche está na forma sambhogakaya de Uddiyana Vajradhara, a forma que ele tomou quando recebeu os 18 tantras mahayoga do dharmakaya Buddha Samantabhadra. Ele é azul-escuro, azul-real, luminoso, e possui as 32 marcas e os 80 sinais de um Buddha. Ele veste os ornamentos do sambhogakaya. Metade de seu longo cabelo cai sobre seus ombros para representar que, embora ele permaneça no nirvana solitário, não abandonou os seres sencientes. A outra metade de seu cabelo está atada em um coque, o que representa que, embora não abandone os seres sencientes, ele mesmo está completamente livre do samsara. Rinpotche veste os 13 adornos do sambhogakaya pacífico: oito artigos de joias e cinco artigos de roupa. Isto indica que ele transcendeu a existência e a tranquilidade, o samsara e o nirvana.

O primeiro artigo de joia é sua coroa ou tiara. Isto inclui a joia-que-realiza-desejos, semelhante a uma safira muito grande, no topo do coque. Compondo a tiara, na testa, há cinco diademas em forma de gotas. Eles são feitos de ouro. Dentro de cada gota há uma joia, e cada joia tem uma das cinco cores. Elas representam as cinco sabedorias.

O segundo ornamento são os brincos feitos de ouro e joias. O terceiro, quarto e quinto ornamentos são os colares: um curto, perto da garganta; outro longo, que desce até seu plexo solar; e um ainda mais longo, que desce até a cintura. Eles também são todos feitos de ouro e joias. Finalmente, ele tem braceletes no braço, pulsos e nos calcanhares; esses são o sexto, sétimo e oitavo ornamentos. Todos são feitos de ouro e joias.

Uddiyana Vajradhara veste cinco trajes. O primeiro é a fita de seda que amarra o coque. O segundo é a seda vermelha que amarra a tiara atrás de sua cabeça, atada como um arco. O terceiro é a faixa de seda larga e ampla, normalmente exibida nas cores azul ou verde. Ela cai sobre seus ombros como uma echarpe ornamental. O quarto traje é sua blusa ou camiseta de largas mangas curtas, feita de seda branca com padrões tecidos em linha dourada. Ela cobre a parte superior de seu corpo – da garganta até o plexo solar. O quinto é uma saia de seda vermelha, também decorada com padrões tecidos com linha dourada. Esses são os 13 ornamentos do sambhogakaya pacífico.

Uddiyana Vajradhara está abraçando Yeshe Tsogyal. Ela é branca e de tez brilhante, mas com um matiz avermelhado. Senta-se no colo de Guru Rinpotche com as pernas em volta de sua cintura, e segura uma faca curva, na mão direita, em torno do pescoço de Guru Rinpotche. Sua mão esquerda sustenta uma taça de crânio cheia com amrita, líquido transparente que irradia luzes nas cinco cores, concedendo imortalidade e sabedoria. Ela usa o mesmo tipo de joias e adereços que Uddiyana Vajradhara. Entretanto, alguns de seus ornamentos são feitos de osso, representando a sabedoria de bem-aventurança/vacuidade.

A linha seguinte diz:

TCHAG YE DORDJE YÖN PE TÖ BUM NAM
Sua mão direita segura um vajra; sua mão esquerda, uma taça de crânio e um vaso.

Em sua mão direita, Uddiyana Vajradhara segura um vajra dourado de cinco pontas em frente ao seu coração, com a palma da mão voltada para fora, em um gesto de dar proteção. Em sua mão esquerda, segura uma taça de crânio na postura do equilíbrio meditativo. Dentro da taça está um vaso de longevidade. Em outras práticas, Uddiyana Vajradhara segura um vajra e um sino, mas nesta yoga do guru ele segura um vajra, um crânio e um vaso de longevidade, tal como em outras formas de Guru Rinpotche. O vajra e o crânio representam que ele realizou completamente a compaixão e a sabedoria; o vaso significa que ele alcançou a completa realização da imortalidade.

A linha seguinte diz:

DAR DANG RIN TCHEN RÜ PE GYEN GYI DZE
Eles estão adornados com seda, joias e ossos,

Isso já foi explicado anteriormente.

A próxima linha diz:

Ö NHE LONG NE DE TCHEN ZI DJI BAR
Numa vastidão de cinco luzes, eles brilham com grande êxtase.

Seus corpos emitem luzes brilhantes de cinco cores: branca, vermelha, azul, amarela e verde. Essas luzes representam suas cinco sabedorias. Eles brilham em um grande êxtase porque erradicaram a ignorância, a causa de todos os sofrimentos. Para indicar esse despertar como bem-aventurança, eles estão em união.

A seguir é dito:

KHOR DU TSA SUM GYAMTSO TRIN TAR DIB
Os oceanos das três raízes os circundam como nuvens.

Oceanos e nuvens, aqui, têm o sentido de "muitos". Eles estão rodeados por muitos gurus, yidams e muitas dakinis e dharmapalas. Acima de Guru Rinpotche estão todos os gurus da linhagem. O próprio Guru Rinpotche tem a mesma identidade do seu guru-raiz. Circundando Guru Rinpotche e Yeshe Tsogyal, estão todos os yidams, divindades pacíficas e iradas. Abaixo de Guru Rinpotche e Yeshe Tsogyal estão todos os protetores do Dharma e dakinis.

A linha seguinte é:

DJIN LAB TUG DJE TCHAR BEB DAG LA ZIG
Chovendo bênçãos e compaixão, ele olha para mim.

Guru Rinpotche olha diretamente para nós, com amor e compaixão.

Os Sete Ramos

Começamos, então, a acumulação da Prece de Sete Ramos. O primeiro ramo, homenagem ou prostração, é descrito nas próximas duas linhas:

> **GYAL KÜN NHO WO TCHI ME YE SHE KUR**
> **DUNG SHUG DRAG PÖ DE TCHAG TAG TU TSAL**
> *Para o corpo de sabedoria imortal de todos os vitoriosos,*
> *eu sempre me prostrarei com intensa fé e anseio.*

Para Guru Rinpotche e seu séquito, nós nos prostramos, devotadamente, com incontáveis réplicas imaginadas de nosso próprio corpo, reconhecendo que ele corporifica a sabedoria de todos os Buddhas. Prostração, o primeiro dos sete ramos, é um antídoto para o veneno do orgulho. Portanto, serve tanto para acumular mérito como para purificar os obscurecimentos. Isso é verdadeiro em relação aos seis demais ramos.

O segundo, oferenda, é descrito nas próximas duas linhas:

> **LÜ DANG LONG TCHÖ DÜ SUM GUE WE TSOG**
> **KÜN ZANG TCHÖ PE TRIN DU MIG NE BÜL**
> *Eu ofereço meu corpo, posses e virtudes dos três tempos,*
> *imaginando-as como nuvens de oferendas de Samantabhadra.*

Se o oferecimento é um antídoto contra o apego, nós oferecemos as coisas às quais somos mais apegados: nosso corpo, nossas posses e tudo de bom que tenhamos feito, estamos fazendo ou iremos fazer. Para acumular tanto mérito quanto seja possível, usamos a imaginação para multiplicar todas as coisas oferecidas tantas vezes quanto conseguirmos. O bodhisattva Samantabhadra multiplicava miraculosamente todas as oferendas que fazia, ao ponto de chegar ao infinito; nós procuramos seguir o seu exemplo, por meio de nossa imaginação e aspiração. Como já dito, a oferenda – o segundo ramo, – é um antídoto para o veneno do apego.

O terceiro ramo é a confissão. Está descrito na linha seguinte:

TOG ME NE SAG DIG TUNG MA LÜ SHAG
Eu confesso todas as más ações e faltas cometidas desde um tempo sem início.

Nós confessamos dois tipos de ações: as más e as faltas. Más ações incluem todas as ações que são erradas, mesmo as que nós não tenhamos prometido não fazer. Por exemplo: matar é errado, mesmo se não tivermos tomado o voto de não matar. Faltas são violações de qualquer voto virtuoso que tenhamos feito na presença das três joias. Nós não conseguimos nos lembrar de quantas ações negativas já cometemos desde um tempo sem início. Então, fazemos uma confissão completa. Confissão, o terceiro dos sete ramos, é um antídoto para a raiva, bem como para os obscurecimentos cármicos.

O quarto ramo é se regozijar com as boas ações dos outros. As próximas duas linhas e meia dizem:

> **SE TCHE GYAL WA KÜN GYI YÖN TEN GYI**
> **KYAB DAG TCHIG BU GÖN POI NAM TAR LA**
> **NYING NE YI RANG**
> *Eu regozijo de coração com suas atividades,*
> *Senhor único que permeia todas as*
> *virtudes dos vitoriosos e seus filhos.*

A expressão "senhor único que permeia todas as virtudes" se refere ao Guru Rinpotche, o senhor supremo que tudo permeia, no sentido de que ele corporifica, na pessoa dele, todas as qualidades de todos os vitoriosos e de seus filhos. Regozijando-nos com as virtudes de Guru Rinpotche, estamos fazendo o mesmo em relação aos atos virtuosos de todos os seres, porque ele corporifica todas essas coisas. Regozijo, o quarto ramo, é o antídoto para o veneno da inveja.

O quinto ramo está descrito no restante da linha que já começamos a ler acima:

> **DE PE SÖL DEB SHING**
> *Eu lhe suplico com fé.*

Frequentemente, este ramo é uma súplica para que os Buddhas, bodhisattvas e gurus permaneçam neste mundo e não entrem no parinirvana. Nesse caso, ele é o antídoto para o veneno das visões errôneas e, em particular, para o equívoco de ver as coisas como permanentes. Mas aqui, considerando que Guru Rinpotche já alcançou a imortalidade, o ramo simplesmente lhe suplica com muita fé. Fé é o principal antídoto para o veneno das visões errôneas e, em particular, aquelas de que as três joias são destituídas de seus atributos.

O sexto ramo é o pedido para que a roda do Dharma seja girada.

A linha seguinte é:

ZAB GYE TCHÖ KYI TCHAR TCHEN BEB PAR KÜL
Eu peço que você nos apresente tanto o
Dharma vasto quanto o profundo.

O sexto ramo, o pedido para girar a roda do Dharma é o antídoto para o veneno da ignorância.

O último dos sete ramos consiste na dedicação à virtude, descrita nas quatro linhas seguintes:

RANG JEN GUE WE NHÖ PO KÜN DOM NE
DRO KHAM GYAMTSO DJI SI NE KYI BAR
GÖN PO KYÖ KYI NAM TAR DJE NYEG TE
KHA KYAB DRO WA DREN PE DÖN DU NHO
Eu dedico todas as minhas virtudes e as dos outros

*para que, enquanto o oceano de seres existir
e seguindo o exemplo de suas atividades, meu senhor,
eu possa ser um guia para todos, tão infinito quanto o espaço.*

Nós dedicamos todas as nossas virtudes e todas as virtudes dos outros para que venhamos a nos tornar guias dos seres até que cada um deles alcance a iluminação, assim como fez Guru Rinpotche. O sétimo ramo, dedicação, é um antídoto para os venenos da ganância e do egoísmo.

Os sete ramos são sete maneiras de acumular mérito e também antídotos para sete tipos de venenos: orgulho, apego, raiva, inveja, visão errônea, ignorância e egoísmo.

A Prática Central da Súplica

Já tendo acumulado mérito e nos purificado, vamos começar a parte principal da súplica, que tem duas partes: a súplica de oito linhas, recitada uma só vez, e a repetição da Prece de Sete Linhas, que é a maior parte da sessão.

A primeira linha da súplica inicial é:

KYAB NE KÜN DÜ KYEN TSEI TER TCHEN PO,
Corporificação de todas as fontes de refúgios, grande tesouro de sabedoria e amor,

Guru Rinpotche corporifica todas as fontes de refúgio e é, portanto, pleno de amor imparcial e perfeita sabedoria, como um tesouro inexaurível.

O Ensinamento

Segue:

DÜ NHEN NYIG ME KYAB TCHOG RIN PO TCHE
Inestimável protetor dos seres nesta era ruim e decadente.

É dito que Guru Rinpotche é especialmente poderoso em tempos difíceis, quando a extensão e a qualidade de vida diminuem, quando o meio ambiente está poluído, quando nossos kleshas estão se tornando muito grosseiros e nossa visão está se tornando mais e mais confusa. Nessas horas, diz-se que ele é um protetor especialmente poderoso dos seres.

A próxima linha diz:

NHA DO GÜ PE NAR SHING DUNG SHUG KYI
Com minha mente atormentada pelos
cinco tipos de degenerações,

Nós estamos desesperados, atormentados por nossas próprias degenerações, nossas vidas, nosso meio ambiente, nossos kleshas e nossas visões.

A linha seguinte é:

SÖL DEB BÜ LA TSE WE TUG KYI GONG
Considere com amor esse filho que lhe suplica.

O sentido é claro.
A próxima linha é:

GONG PE LONG NE TUG JEI TSAL TCHUNG LA
A partir da vastidão de sua sabedoria,
libere o poder de sua compaixão.

Esta linha nos lembra que a compaixão de Guru Rinpotche é a manifestação natural de sua sabedoria; elas são inseparáveis.

A linha seguinte diz:

MÖ DEN DAG GUI NYING LA DJIN GYI LOP
Eu sou devoto a você; abençoe meu coração.

Esta linha nos recorda que nossa devoção nos faz receptivos às bênçãos do Guru.

A seguir é dito:

TAG DANG TSEN MA NYUR DU TÖN PA DANG
Rapidamente, exiba sinais e indicações.

Nós pedimos por sinais de suas bênçãos, de modo que nossa fé possa aumentar.

A última linha é:

TCHOG DANG TÜN MONG NHÖ DRUB TSAL DU SÖL
Eu suplico que você conceda as realizações
supremas e comuns.

Realização ou siddhi supremo é o despertar; os siddhis comuns incluem longevidade, prosperidade, saúde, carisma e assim por diante. Nós obtemos siddhis por meio das bênçãos de Guru Rinpotche e nos tornamos mais semelhantes a ele: mais compassivos, sábios e mais próximos do despertar.

Em relação às repetições, a mais importante é a Prece de Sete Linhas. Indo para o fim da sessão, podemos também recitar o mantra Vajra Guru de 12 sílabas. Enquanto o recita, pense que dos corações de Guru Rinpotche e Yeshe Tsogyal, e também do ponto de união entre eles, são lançados raios ou fios brilhantes de luz nas cinco cores. Esses raios se dissolvem dentro do seu coração, concedendo-lhe as suas bênçãos.

O texto que você tem à sua frente é, na verdade, três excertos agrupados em um só: a yoga do guru, a liturgia do banquete escrita por Mipham para esta yoga do guru e uma liturgia curta do banquete para ser repetida. Para a prática diária, normalmente se omite o banquete, pois ele só costuma ser feito no décimo dia do mês lunar. Quando o banquete é omitido, depois de acumular a Prece de Sete Linhas e o mantra Vajra Guru, você simplesmente conclui a prática com a iniciação, a dissolução e a dedicação. Como nós estamos, primariamente, focados aqui na celebração do décimo dia, voltaremos agora para a prática de banquete.

O banquete

Esta yoga do guru chama-se Chuva de Bênçãos ou Banho de Bênçãos; a liturgia do banquete chama-se O Excelente Vaso Glorioso. Um vaso representa uma fonte inesgotável de todas as coisas boas, semelhante a uma cornocópia. Da mesma forma, a prática de banquete é considerada a melhor maneira de acumular mérito. Como Yeshe Tsogyal escreveu: "Dentre os meios de reunir as acumulações, ganachakra é suprema." A prática de banquete não apenas acumula mérito; ela restaura a pureza da nossa perspectiva e, assim, repara o samaya.

O termo em sânscrito para a prática de banquete é ganachakra, "roda da assembleia", e ganapuja, "assembleia de oferendas". Em qualquer dos casos, "assembleia" refere-se a quatro assembleias. Primeiro, é a assembleia das divindades para quem o banquete é oferecido. Segundo, é a assembleia de yogins e yoginis que fazem as oferendas. Terceiro, é a reunião das substâncias de samaya como oferendas – as substâncias de samaya, aqui, significam tanto comidas quanto bebidas. Quarto, é a reunião do resultado das acumulações.

Por meio da oferenda de comida e bebida às divindades, nós reunimos as acumulações de mérito e sabedoria. Todas essas quatro assembleias são a natureza não dual de método e sabedoria. As divindades masculinas e femininas corporificam compaixão e sabedoria. Os praticantes são os yogins e yoginis. A comida e a bebida oferecidas representam os meios hábeis e a sabedoria.

A acumulação de mérito e de sabedoria são também upaya e prajna, respectivamente.

O banquete começa com a consagração das oferendas. A primeira linha é:

HUM, A LE TCHÖ YING DANG NYAM KA PA LAR
*HUM, a partir de um A, surge uma kapala
igual ao dhamadhatu.*

De uma letra A surge a taça de crânio, ela é do tamanho do universo inteiro. Ela está à nossa frente, no espaço entre nós e Guru Rinpotche. Por que uma taça de crânio? De acordo com Sua Santidade Dalai Lama, os canais e essências que produzem a experiência de êxtase vão em direção ao topo do cérebro, dentro de nosso crânio. O crânio, por isso, representa bem-aventurança. Também representa vacuidade, porque é um símbolo de impermanência. Impermanência é a evidência da vacuidade. Se as coisas tivessem alguma existência inerente, não estariam sujeitas a condições e, assim, nunca mudariam.

Como sinal de bem-aventurança, a kapala é branca por fora; como um símbolo de vacuidade, ela é vermelha por dentro. Como um sinal da natureza única de todas as coisas, ela é uma peça única, não é dividida por suturas ou rachaduras. Ela surge a partir de um A branco, porque essa letra representa a natureza não nascida de todas as coisas. Alguma coisa que realmente exista deve ter nascido de verdade, tem que verdadeiramente vir à existência. Se nada existe inerentemente, não pode haver nascimento verdadeiro ou produzido. Portanto, a taça de crânio surgindo de um A representa a ilusão mágica das aparências.

A linha seguinte é:

OM LE NANG SI DÖ YÖN TSOG SU SHOM
A partir de um OM, surge tudo o que existe e aparece disposto como um banquete, com tudo o que se deseja.

Dentro da kapala está um OM branco que irradia luzes nas cinco cores. Ele se torna as substâncias do banquete na forma de tudo o que é agradável aos cinco sentidos. Você pode imaginar isso como um oceano de amrita que emana tudo que é desejável.

A linha seguinte é:

HUM GUI DE TCHEN YE SHE ROL PAR GYUR
Com HUM ele se transforma na encenação da sabedoria da grande bem-aventurança.

Acima da amrita, surge uma sílaba HUM azul. O HUM representa as cinco sabedorias de todos os Buddhas. Ele se dissolve em luz e se funde na amrita, que se torna inseparável da sabedoria de todos os Buddhas.

O Ensinamento

A seguir:

HRI YI TSA SUM TSOG GYE PA KANG
Com HRI as divindades das três raízes
se enchem de satisfação.

Acima da amrita surge a sílaba HRI, branca ou nas cinco cores. Ela se dissolve dentro da amrita, fazendo com que ela se expanda infinitamente para emanar um incontável número de outras oferendas, deuses e deusas carregando outras inúmeras oferendas. Todas essas coisas enchem o céu e satisfazem as inúmeras divindades das três raízes.

Então, recitamos o mantra OM AH HUM HRI três vezes, para abençoar as oferendas. Este mantra representa corpo, fala, mente e sabedoria de todos os Buddhas. Também representa a purificação e a consagração dos recipientes do banquete como uma kapala, das oferendas do banquete como amrita, dessa amrita como sabedoria, e dessa amrita de sabedoria como uma manifestação ilimitada.

Convidamos, então, o campo de acumulação. O convite começa com a Prece de Sete Linhas, usada aqui como um convite para o banquete. Você vai perceber que, nesta versão, duas linhas são diferentes. Até a sexta, "Eu seguirei seu exemplo na realização", a prece é a mesma.
A sétima, contudo, muda para:

DÖ YÖN TSOG LA TCHEN DREN MA
Se eu lhe convido para este banquete desejável,

DJIN GYI LOB TCHIR SHEG SU SOL
Suplico, venha aqui para conceder sua bênção.

As linhas remanescentes no convite descrevem a descida das bênçãos.

NE TCHOG DI RU DJIN PO LA
Chovam bênçãos neste que é o melhor dos lugares.

Nós chamamos o lugar no qual estamos praticando de o melhor dos lugares porque ele está sendo consagrado como um glorioso salão de banquete de dakas e dakinis.

A próxima linha é:

TSOG TCHO YE SHE DÜ TSIR GYUR
Transforme esse banquete em amrita de sabedoria.

Nós já abençoamos as oferendas com o mantra e a nossa imaginação. Agora, pedimos a Guru Rinpotche para abençoá-las com sua autêntica sabedoria.

A próxima linha é:

DRUB TCHOG DAG LA WANG JI KUR
Conceda a mim, o supremo praticante,
as quatro iniciações.

Por que nos chamamos de praticantes supremos? Porque somos praticantes de yoga do guru, a prática suprema. Nós estamos louvando o Dharma que praticamos, não a nós mesmos. As quatro iniciações são: a do vaso do corpo; a iniciação secreta da fala; a iniciação da sabedoria/conhecimento da mente; e a da palavra da lucidez.

GUE DANG LOG DREN BAR TCHE SOL
Remova os obstrutores, más influências e obstáculos.

Obstrutores são os seres malevolentes que tentam nos impedir de alcançar a budeidade. Más influências são os seres que desvirtuam espiritualmente os outros. Obstáculo são impedimentos de qualquer tipo para o despertar.

TCHOG DANG TÜN MONG NHÖ DRUB TSOL
Conceda realização suprema e comum.

Nós pedimos a Guru Rinpotche para conceder as realizações supremas e comuns. Isso completa o convite.

A seguir, vem a apresentação das oferendas. Em muitos banquetes, a apresentação das oferendas está dividida em três fases: a porção seleta, as oferendas de cumprimento e as oferendas de liberação. Tudo está incluído na liturgia, embora não estejam apresentadas aqui como oferendas separadas.

A primeira linha da liturgia da oferenda é:

HUM LA MA DJE TSUN PEMA TÖ TRENG TSAL
HUM, Guru Pema Tötrengtsal,

Tötreng significa "guirlanda de crânio". Padma Tötreng é um dos nomes de Guru Rinpotche. Tsal significa "poderoso".

A segunda linha é:

> **RIG DZIN KHANDROI TSOG DANG TCHE PA YI**
> *Com sua assembleia de vidyadharas e dakinis,*

Vidyadharas são gurus tântricos.
A próxima linha é:

> **TSA SUM KUN DU GYAL WE KYIL KHOR LA**
> *Para a mandala de Vitoriosos que corporificam todas as Três Raízes,*

Guru Rinpotche e seu séquito incorporam e incluem todos os Buddhas ou Vitoriosos e tudo das Três Raízes.
A próxima linha é:

> **MÖ GÜ DUNG SHUG DRAG PÖ SOL WA DEB**
> *Eu suplico com intensa devoção e anseio,*

Isto é fácil de entender.
As próximas três linhas são:

> **DAG JEN GO SUM GUE TSOG LONG TCHÖ TCHE**
> **NANG SI DÖ YÖN GYE GU MA TSANG ME**
> **KÜN ZANG DE TCHEN TSOG KYI KOR LOR BUL**
> *Eu ofereço-lhe minhas três portas e as dos outros, virtudes e posses;*
> *toda aparência e existência; e tudo o que é desejável e agradável,*
> *como um ganachakra da grande bem aventurança de Samantabhadra.*

O nosso banquete inclui tudo o que existe. Nós podemos oferecer tudo o que existe a Guru Rinpotche porque ninguém perde qualquer coisa por fazermos isso. Por exemplo, se eu oferecer a virtude de outra pessoa ao Buddha ou a um bodhisattva, essa pessoa não perde nada de sua virtude; e mais, por meio dessa oferenda, ela agora tem uma conexão cármica com aquele Buddha ou bodhisattva.

Oferecendo tudo, acumulamos grande mérito. Mas nossa oferenda de tudo é especial de outro jeito: nós oferecemos tudo como um "ganachakra da grande bem-aventurança de Samantabhadra". Samantabhadra quer dizer dharmakaya, aqui. Um Buddha experiencia tudo como sendo totalmente puro e está livre de sofrer. Então, quando oferecemos tudo o que existe desse jeito, estamos oferecendo as coisas como são experienciadas por um Buddha. Isso significa que nossa oferenda não é apenas ilimitada, no sentido de ser toda inclusiva mas, também, é totalmente pura.

A próxima linha é:

TUG TSE GYE JE TUG DAM KONG GYUR TCHIG
Aceite com bondade. Possa eu honrar
meus compromissos com você.

Por meio dessas oferendas, possa meu samaya com você ser restaurado. A segunda parte dessa linha também tem a conotação de "possa você ficar satisfeito". Guru

Rinpotche e outros Buddhas ficam mais satisfeitos quando nós cumprimos os nossos samayas e somos capazes de nos aproximar do despertar. Eles aceitam nossas oferendas para nosso próprio benefício, não o deles.

As linhas seguintes são:

SOL WA DEB SO GU RU RIN PO CHE
DJIN GYI LO SHIG RIG DZIN KHANDRO TSOG
MÖ DEN BU LA TCHOG TÜN NHÖ DRUB TSOL
DAM TSIG NYAM TCHAG TAM TCHE DJANG DU SOL

Guru Rinpotche, eu suplico a você;
abençoem-me, Vidyadharas e Dakinis;
concedam a seu devotado filho as realizações
suprema e comum;
eu suplico que você purifique todas as quebras de samaya.

Essas linhas expandem o significado das linhas anteriores e constituem o equivalente, nesta liturgia, à segunda oferenda de banquete, oferenda do cumprimento.

A seguir, vem:

TCHI NANG SANG WE BAR TCHE YING SU DRÖL
Libere na vastidão todos os obstáculos externos,
internos e secretos.

A vastidão é o dharmadhatu. Quando o dharmadhatu é reconhecido, a pessoa está, para sempre, livre de todos os obstáculos. Como ainda não o reconhecemos, pedimos a Guru Rinpotche para nos libertar desses obstáculos por meio da realização que ele alcançou. Obstáculos externos são o meio ambiente; os internos são os obstáculos físicos; os secretos são os desafios mentais. Essa linha, na liturgia, equivale às oferendas de liberação, a terceira oferenda de banquete.

A próxima linha é:

**DJANG TCHUB BAR DU DRAL ME DJE DZIN JING
TSE SÖ NYAM TOG YAR NHO DA TAR PEL
SAM PA LUN GYI DRUB PAR DJIN GYI LOB**
Cuide de mim acima de qualquer separação até o despertar;
aumente vida, mérito, experiências e
realização como a lua crescente;
abençoe-me para que meus desejos sejam
espontaneamente realizados.

Nós finalizamos a liturgia de oferenda com o mantra de Guru Rinpotche, que é recitado apenas uma vez, aqui.

Normalmente, uma liturgia de banquete abreviada, também escrita por Mipham Rinpotche, é inserida neste ponto. O propósito de entoar repetidamente o banquete abreviado é que, ao repeti-lo, podemos fazer um grande número de oferendas e, assim, acumular ainda mais mérito. O banquete abreviado também pode ser omitido ou recitado três vezes apenas.

Começamos a liturgia abreviada consagrando as substâncias de oferenda com OM AH HUM HO, recitados três vezes ou apenas uma.

Começa assim:

TSA SUM LA TSOG TSOG LA TCHEN DREN SHEG
Divindades das três raízes, venham para o banquete.

Esse é o convite.
Continua com:

TCHI NANG SANG WE DE TCHEN TSOG TCHÖ BÜL
Eu apresento as oferendas externas, internas e secretas da grande bem-aventurança.

Oferendas externas, internas e secretas são frequentemente explicadas como as oferendas de banquete para as divindades à nossa frente, para as divindades dentro do nosso corpo e para a experiência de unidade de êxtase e vacuidade. As divindades dentro do nosso corpo são as divindades pacíficas e iradas, as quais são ditas que surgem no bardo; elas estão presentes em nosso corpo ao longo de muitas vidas, quer saibamos ou não.

A seguir, vem:

DAM TSIG NYAM TCHAG TAM TCHE TÖL LO SHAG
Eu admito e confesso todas as quebras de samaya.

Essa linha é o banquete de confissão. Diz-se que a prática de banquete é uma excelente oportunidade para a confissão.

A próxima linha é:

NYI DZIN DRA GUE TCHÖ KYI YING SU DRÖL
*Libere o dualismo, inimigos e obstrutores dentro
do dharmadhatu.*

Essa linha é o equivalente às oferendas de liberação. Porque este é um banquete curto, está na forma de uma prece e não como oferenda separada.

NYAM NYI DE WA TCHEN PO TUG DAM KANG
*Possa nosso samaya ser cumprido pela equanimidade e
grande bem-aventurança.*

Poderia também significar "Possa você estar satisfeito pela equanimidade e grande bem-aventurança". Em qualquer caso, o que agrada aos Buddhas e cumpre o nosso samaya é a realização. Como ainda não realizamos perfeitamente a equanimidade da natureza única de todas as coisas, nem que a realização desta natureza é a grande bem-aventurança, essa linha é uma aspiração a ser feita.

A linha final é:

TCHOG DANG TÜN MONG NHÖ DRUB TSAL DU SOL
*Eu suplico que você conceda as realizações
suprema e comum.*

O significado disso já foi bem explicado.

O banquete é então servido e súplicas de longevidade são recitadas. Nós recitamos essas súplicas de longevidade durante o banquete porque tudo dito durante o banquete tem grande poder.

As sobras, então, são recolhidas e oferecidas. As linhas que acompanham essa liturgia foram extraídas por Mipham Rinpotche do *Corporificação das Três Joias*. As sobras são oferecidas aos protetores mundanos e outros seres incapazes de receber as primeiras oferendas.

A primeira linha da oferenda de sobras é:

OM AH HUM. LAG LA WANG WA DREG PE TSOG
OM AH HUM. Hostes de arrogantes com direito às sobras,

Arrogantes significam "poderosos", nessa linha.
A segunda e terceira linhas são:

TRIN TAR TIB SHING HAB SHA GYU
SHA TRAG GYEN PE TSOG LAG JE
Reunidos como nuvens, apressem-se, corram.
Aceitem este banquete de sobras adornado
com carne e sangue.

Nós imaginamos que as sobras irão agradar muito a todos a quem são oferecidas. Como os seres que as recebem não são humanos corpóreos, eles as experimentarão na forma como os imaginamos.

As próximas duas linhas são:

> **NHÖN GYI DAM TCHA DJI JI DU**
> **TEM DRA DAM NYAM ZE SU ZO**
> *Como você prometeu no passado,*
> *consuma os inimigos do Dharma,*
> *os corruptores de samaya, como sua comida.*

Nós relembramos aos protetores mundanos que eles receberam as sobras para completarem a sua promessa de realizar a atividade requisitada.

As três últimas linhas são:

> **TAG DANG TSEN MA NYUR DU TÖN**
> **DRUB PE BAR TCHE DO PA DANG**
> **TRIN LE TOG MED DRUB PAR DZÖ**
> *Rapidamente exiba sinais e indicações.*
> *Reverta os obstáculos à realização.*
> *Realize sua atividade sem impedimento.*

Finalmente, oferecemos as sobras com o mantra

> **UTSIKTA BALINGTA KHAHI**

Utsikta significa "sobras", Balingta significa "torma", e Khahi é "comer".

O empoderamento e a conclusão

Recebemos, então, a iniciação de Guru Rinpotche. Nós imaginamos um OM branco no centro da cabeça – na altura da testa –, um AH vermelho dentro da garganta e um HUM azul no centro do corpo, na altura do coração. Essas três sílabas representam o corpo, a fala e a mente de todos os Buddhas. Dessas três sílabas, raios irradiam nas mesmas cores de luz. Os raios de luz se dissolvem nos mesmos lugares correspondentes em nosso corpo, concedendo-nos as iniciações do corpo, da fala e da mente. Isso purifica os nossos obscurecimentos físicos, verbais e mentais, fazendo com que a natureza verdadeira de nosso corpo, fala e mente comuns seja revelada.

A liturgia que descreve isso é:

LA ME NE SUM YI GE DRU SUM LE
Ö ZER KAR MAR TING SUM DJUNG NE SU
RANG GI NE SUM TIM PE GO SUM GYI
DRIB DJANG KU SUNG TUG KYI DOR DJER GYUR

Das três sílabas, nos três lugares do guru,
emergem raios de luz branca, vermelha e azul.
Eles se dissolvem em meus três lugares,
purificando as máculas
de minhas três portas, que se tornam o corpo,
a fala e a mente vajras.

A próxima linha é:

TAR NI LA MA KOR TCHE Ö DU JU
Finalmente, o guru e seu séquito se dissolvem em luz,

Todas as divindades que circundam Guru Rinpotche e Yeshe Tsogyal se fundem em luz e se dissolvem neles.
A linha seguinte é:

KAR MAR TIG LE HUM GI TSEN PA RU
E se transformam em uma esfera branca e vermelha marcada com um HUM.

Despois que o séquito se dissolveu neles, Guru Rinpotche e Yeshe Tsogyal se mesclam, fundindo-se em luz, e se tornam uma esfera de luz do tamanho da falangeta de um polegar. Ela é branca por fora e vermelha por dentro. No seu centro está a sílaba HUM, em azul.
As últimas duas linhas são:

RANG GI NYING GAR TIM PE LA ME TUG
RANG SEM YER ME LEN KYE TCHÖ KUR NE AH AH
Ela se dissolve em meu coração.
A mente do guru e minha mente são indivisíveis.
Eu repouso no dharmakaya conato.

A esfera de luz, que em essência é Guru Rinpotche, se dissolve em nosso coração. Nós recebemos sua bênção suprema e experienciamos a inseparabilidade da natureza da sua mente e a nossa. Essa natureza é o dharmakaya, sempre presente, mas apenas reconhecido por meio da devoção.

Mipham Rinpotche conclui com instruções sobre como olhar a natureza da nossa mente. Ele nos diz para olhar para a face do grande dharmakaya primordial, que é nossa própria mente. Desde o início, ela está além de qualquer alteração, transformação, aceitação e rejeição. Ele nos adverte para surgirmos disso, com a consciência ou a visão de que todas as aparências, de caráter ilusório, são em natureza a manifestação do guru.

Nós concluímos a sessão dedicando sua virtude e proclamando sua auspiciosidade.

Chuva de Bênçãos
A liturgia

Chuva de Bênçãos
Uma Yoga do Guru baseada na Súplica de Sete Linhas

Prece de sete linhas a Guru Rinpotche

HUM O DJEN YUL DJI NU DJANG TSAM //
PEMA GUE SAR DONG PO LA //
YA TSEN TCHO GUI NHÖ DRU NYE //
PEMA DJUNG NE JE SU DRA //

*A noroeste do país de Uddiyana, vós nascestes no
pistilo da haste de um lótus,
dotado com a mais suprema realização,
renomado como o Nascido do Lótus,*

KOR DU KAN DRO MANG PÖ KOR //
TCHE TCHI DJE SU DA DRU TCHI //
DJIN DJI LA TCHIR SHE SU SOL //
GU RU PEMA SIDDHI HUM //

*rodeado por um séquito de muitas Dakinis,
seguindo-vos, nós praticamos.
Vinde e concedei-nos vossa graça.*

DJAL KÜN TCHE YUM TCHO YING KÜN ZANG MO //
BÖ BANG TCHO PE MA TCHI DRIN MO TCHE //
NHÖ DRU TCHO TSOL DE TCHEN KA DRO TSO //
YE SHE TSO DJAL JA LA SOL WA DE //

Dharmadhatu Kuntuzangmo, mãe de todos os vitoriosos, que com grande bondade protege todos os tibetanos. Dakini soberana de grande bem-aventurança, que concede realização suprema. Yeshe Tsogyal, aos vossos pés, suplico.

TCHI NANG SANG WE BAR TCHE JI WA DANG //
LA ME KU TSE TEN PAR DJIN DJI LO //
NE MU TSÖN KAL JI WAR DJIN DJI LO //
DJE PUR BÖ TONG JI WAR DJIN DJI LO //

Pacifique os obstáculos internos, externos e secretos. Conceda as bênçãos que mantêm a vida do Lama.
Conceda as bênçãos que pacificam todos os tempos ruins de doenças, fome e guerra. Conceda as bênçãos que pacificam toda calúnia, magia negra e maldição.

TSE PAL SHE RAB DJE PAR DJIN DJI LO //
SAM PA LÜN DJI DRU PAR DJIN DJI LO //

Conceda as bênçãos que aumentam a vida e a sabedoria gloriosa.
Conceda as bênçãos para que todas as aspirações se realizem espontaneamente.

✦

Esta súplica foi composta por Khakhyab Dordje, o menino amamentado pela dakini de sabedoria primordial.

ༀ༔

A RANG LÜ TA MAL NE PE DÜN KA RU //
O DJEN DRI ME DHA NA KO SHE TSO //
TING ZA YEN LA DJE DEN TCHÜ GANG WE//
WÜ SU RIN TCHEN PE DONG DA DJE TENG //

A! Diante de mim, em meu corpo comum, surge no céu Dhanakosha, o lago puro de Uddiyana. Profundo e cheio de água com as oito qualidades.
No meio do lago, sentado no pistilo de um lótus desabrochado e em meio a joias,

✦

TCHA NE KÜN DÜ O DJEN DO DJE TCHANG //
TSEN PE PAL BAR TSO DJAL YUM DANG TRIL //
TCHA YE DO DJE YÖN PE TÖ BUM NAM //
DAR DANG RIN TCHEN RÜ PE DJEN DJI DZE //

está Ogyen Dordje Tchang,
a incorporação de todos os campos de refúgio,
fulgurante com as glórias das marcas menores e maiores, e em união com Yeshe Tsogyal, sua consorte. Segurando um vajra na mão direita e uma kapala com um vaso na mão esquerda. Ele está lindamente adornado com roupas de cetim, joias e ornamentos de ossos.

❧

Ö NHE LUNG NE DE TCHEN ZI DJIN BAR //
KOR DU TSA SUM DJAM TSO TIN TAR TI //
DJIN LA TU DJE TCHAR BE DA LA ZI //
DJAL KÜN NHO WO TCHI ME YE SHE KUR //

Sua grande bem-aventurança reluz no espaço fundamental das cinco luzes.
Ele está rodeado por um oceano das Três Raízes que pairam como nuvens. Olhe por mim e faça chover sua compaixão e suas bênçãos.
Corpo de Sabedoria Imortal, Essência de todos os Vitoriosos,

❧

DUNG SHU DRA PÖ DE TCHA TA TU TSAL //
LÜ DANG LONG TCHÖ DÜ SUM GUE WE TSO //
KÜN ZANG TCHÖ PE TIN DU MI NE BUL //
TO ME NE SA DI TUNG MA LÜ SHA //

com fé ardente e forte eu sempre me prostro a vós.
Meu corpo, minhas posses e todas as minhas acumulações de

méritos dos três tempos, eu as visualizo e entrego como nuvens de
oferendas de Kuntuzangpo.
Eu confesso minhas faltas e transgressões criadas
desde os tempos sem começo.

❖

SE TCHE GYAL WA KÜN DJI YÖN TEN DJI //
TCHA DA TCHI BU GÖN PO NAM TAR LA //
NYING NE YI RANG DE PE SOL DE SHING//
ZA DJE TCHÖ TCHI TCHAR TCHEN BE PAR KUL //

Nas qualidades de todos os Vitoriosos e seus Filhos, como
manifestado no Lorde que a tudo permeia, eu me rejubilo do fundo
do coração e, com confiança, suplico
que ele nos regue com o vasto e profundo Dharma.

❖

RANG JEN GUE WE NHÖ PO KÜN DOM NE //
DRO KAM DJAM TSO DJI SI NE TCHI BAR //
GÖN PO TCHÖ TCHI NAM TAR DJE NYE TE //
KA TCHA DRO WA DREN PE DÖN DU NHO //

Tendo acumulado todas as minhas virtudes e as de outros,
enquanto o oceano dos reinos dos seres permanecer,
que eu possa seguir seu exemplo protetor e distribuir o mérito para
libertar os seres, que são tão ilimitados quanto o céu.

❖

TCHA NE KÜN DÜ TCHEN TSE TER TCHEN PO //
DÜ NHEN NYI ME TCHA TCHO RIN PO TCHE //
NHA DO DJÜ PE NAR JING DUNG SHU TCHI //
SOL DE BU LA TSE WE TU TCHI GONG //

Ó Grande Tesouro de Amor e Sabedoria que incorpora todos os campos de refúgio, precioso refúgio supremo nestes tempos de degenerescência,
com grande fervor pela dor do contínuo aumento dos cinco venenos, eu vos suplico, olhai pelo seu filho com amor.

◆◆◆

GONG PE LONG NE TU DJE TSAL TCHUNG LA //
MÖ DEN DA GUI NYING LA DJIN DJI LO //
TA DANG TSEN MA NYUR DU TÖN PA DANG //
TCHO DANG TÜN MONG NHO DRU TSAL DU SOL //

Com o transbordar da atividade de vossa compaixão da natureza vasta de vosso entendimento,
eu suplico que vós abençoeis o coração deste aspirante.
Rapidamente, demonstrai os sinais e as características do desenvolvimento e concedei realização suprema e mundana.

HUM O DJEN YUL DJI NU DJANG TSAM //
PEMA GUE SAR DONG PO LA //
YA TSEN TCHO GUI NHÖ DRU NYE //
PEMA DJUNG NE JE SU DRA //

A noroeste do país de Uddiyana, vós nascestes no pistilo da haste de um lótus, dotado com a mais suprema realização, renomado como o Nascido do Lótus, vinde e concedei-nos vossa graça.

KOR DU KAN DRO MANG PÖ KOR //
TCHE TCHI DJE SU DA DRU TCHI //
DJIN DJI LO TCHIR SHE SU SOL //
GU RU PEMA SIDDHI HUM //

Rodeado por um séquito de muitas Dakinis, seguindo-vos, nós praticamos.

Recite a Prece de Sete Linhas o quanto for apropriado. Ao suplicá-la devotadamente, raios de luz nas cinco cores irradiam como cordões do ponto de união e dos corações do Guru e da sua consorte, dissolvendo em meu coração e concedendo-me bênçãos. Recite o mantra do Guru o quanto quiser.

Após receber a iniciação como de costume, faça "O Glorioso Puro Vaso", que é uma oferenda de tsog, em conexão com a "Prece Vajra de Sete Linhas", para acumulação de mérito. Obtenha quaisquer substâncias puras, tais como carne e bebidas alcoólicas, e então recite:

HUM A LE TCHÖ YING DANG NYAM KA PA LAR //
OM LE NANG SI DÖ YÖN TSO SU SHAM //

Do AH surge uma Kapala tão grande como o espaço do Dharmadhatu. Do OM o Tsog, decorado com a riqueza do samsara e seres sencientes.

HUM GUI DE TCHEN YE SHE ROL PAR DJUR //
HRI YI TSA SUM LA TSO DJE PA KANG //

Pelo poder do HUM, isso se transforma no néctar de sabedoria da Grande Bem-Aventurança. Pelo poder do HRI, as três raízes e todas as divindades se rejubilam.

Abençoe com...

ༀ་ཨཱཿཧཱུྃ་ཧྲཱི།

OM AH HUM HRI //
O convite aos convidados e o oferecimento do tsog.

HUM O DJEN YUL DJI NU DJANG TSAM //
PEMA GUE SAR DONG PO LA //
YA TSEN TCHO GUI NHÖ DRU NYE //
PEMA DJUNG NE JE SU DRA //

*A noroeste do país de Uddiyana,
vós nascestes no pistilo da haste de um lótus,
dotado com a mais suprema realização, renomado como o
"Nascido do Lótus"*

◈

KOR DU KAN DRO MANG PÖ KOR //
TCHE TCHI DJE SU DA DRU TCHI //
DÖ YÖN TSO LA TCHEN DREN NA //
DJIN DJI LO TCHIR SHE SU SOL //

*e rodeado por um séquito de muitas Dakinis.
Por seguir vossos passos, quando vós vedes esta oferenda dos
objetos de desejo, eu vos suplico, vindes conceder vossas bênçãos.*

◈

NE TCHO DI RU DJIN PO LA //
TSO TCHÖ YE SHE DÜ TSIR DJUR //
DRU TCHO DA LA WANG JI KUR //
GUE DANG LO DREN BAR TCHE SOL //
TCHO DANG TÜN MONG NHÖ DRU TSOL //

Vinde a este lugar supremo, transformai as oferendas em néctar de sabedoria, concedei as quatro iniciações a este praticante do caminho supremo,
disperse os obstrutores, a má influência e os obstáculos, e conceda realização suprema e mundana.

❦

HUM LA MA DJE TSÜN PEMA TO TRENG TSAL//
RI DZIN KAN DRO TSO DANG TCHE PA YI //
TSA SUM KÜN DÜ DJAL WE TCHIL KOR LA //
MÖ GÜ DUNG SHU DRA PÖ SOL WA DE //

Nobre Lama Pema Totrengtsal, com vosso séquito de Dakinis e Vidyadharas. A você, que é a incorporação da Três Raízes na Mandala dos Vitoriosos, eu suplico com forte aspiração e devoção.

❦

DA JEN GO SUM GUE TSO LONG TCHÖ TCHE //
NANG SI DÖ YÖN DJE GU MA TSANG ME //
KÜN ZANG DE TCHEN TSO TCHI KOR LOR BUL //
TU TSE DJE JE TU DAM KONG DJU TCHI //

O mérito e a riqueza das minhas três portas e também das dos outros e toda a riqueza do samsara e seus seres,
eu ofereço em uma Mandala da Grande Bem-Aventurança de Kuntunzanpo. Que vós possais receber estas oferendas com amor e vosso coração ser preenchido.

SOL WA DE SO GU RU RIN PO TCHE //
DJIN DJI LO SHI RI DZIN KAN DRO TSO //
MÖ DEN BU LA TCHO TÜN NHÖ DRU TSOL //
DAM TSI NYAM TCHA TAM TCHE DJANG DU SOL //

Eu suplico a vós, Guru Rinpotche, concedei vossas bênçãos. Vidyadharas e Dakinis, concedam realizações supremas e mundanas a este aspirante; purifique todas as máculas nos votos.

TCHI NANG SANG WE BAR TCHE YING SU DROL //
DJANG TCHU BAR DU DRAL ME DJE DZIN JIN //
TSE SÖ NYAM TO YAR NHO DA TAR PEL //
SAM PA LÜN DJI DRU PA DJIN DJI LO //

Fazei desaparecer os obstáculos externos, internos e secretos. Mantende-me junto a vós, sem abandonar-me, até que eu obtenha a realização.
Aumentai minha vida, méritos, experiências e "insights" assim como a lua crescente, e abençoai-me para que todas as minhas aspirações se realizem espontaneamente.

OM AH HUM BEDZRA GURU PEMA SIDDHI HUM //

Tsog abreviado

Abençoe as substâncias do tsog com:

OM AH HUM HO //
TSA SUM LA TSO TSO LA TCHEN DREN SHE //
TCHI NANG SANG WE DE TCHEN TSO TCHÖ BUL //
DAM TSI NYAM TCHA TAM TCHE TOL LO SHA//
NYI DZI DRA GUE TCHÖ TCHI YING SU DROL //

Hostes de Divindades das Três Raízes, venham para o banquete. Eu ofereço a vós oferendas externas, internas e secretas da Grande Bem-Aventurança. Reconheço e confesso todas as violações de samaya.
Liberai os inimigos, as obstruções e a dualização no Dharmadhatu.

❖

NYAM NYI DE WA TCHEN PO TU DAM KANG //
TCHO DANG TÜN MONG NHÖ DRU TSAL DU SOL//

Que possa a grande Bem-Aventurança da equanimidade agradar vossos corações. Eu suplico que vós concedais as realizações suprema e mundana.

❖

Esta forma abreviada de tsog acima é útil para fazer acumulação, e foi composta por Djampal Dordje.

OM AH HUM LA LA WANG WA DRE PE TSO //
TIN TAR TI SHING HA SHA DJU //
SHA TRA DJEN PE TSO LA JE //
NHÖN DJI DAM TCHA DJI JIN DU //

Hostes arrogantes que comem as sobras venham como nuvens, comam vorazmente, e devorem as sobras de carne e sangue.

TEN DRA DAM NYAM ZE SU ZO //
TA DANG TSEN MA NYUR DU TÖN //
DRU PE BAR TCHE DO PA DANG //
TRIN LE TO ME DRU PAR DZÖ //

Como vocês prometeram, devorem os inimigos do Dharma e quebradores de samaya. Deem-nos alguns sinais imediatamente, afastem os obstáculos para a realização e cumpram as atividades de Buddha incessantemente.

U TSIKTA BALINGTA KAHI //

Ao fim da recitação, jogue fora as sobras.

Ao fim da sessão:

**LA ME NE SUM YI GUE DRU SUM LE //
Ö ZER KAR MAR TING SUM DJUNG NE SU //
RANG GUI NE SUM TIM PE GO SUM DJI //
DRI DJANG KU SUNG TU TCHI DO DJER DJUR //**

Das três sílabas dos três lugares do Lama emergem raios de luz branca, vermelha e azul, que dissolvem em meus três lugares, purificando os obscurecimentos dos meus três portais e transformando-os nos vajras físico, verbal e mental.

**TAR NI LA MA KOR TCHE Ö DU JU //
KAR MAR TI LE HUM GUI TSEN PA RU //
RANG GUI NYING GAR TIM PE LA ME TU //
RANG SEM YER ME LEN TCHE TCHÖ KUR NE //**

AH AH //

Após isso, o Lama e seu séquito se dissolvem em luz e na forma de uma gota vermelha e branca, marcada com um Hum, é absorvida em meu coração. A mente do Lama e a minha permanecem espontaneamente inseparáveis no Dharmakaya.

Com estas palavras, olhe para a face da natureza de sua própria mente, que está além de todo o artifício e fabricação, de toda aceitação e rejeição, sem começo e incriada. Supremo Dharmakaya, na qual todas as aparências são como ilusão. Então, uma vez mais, vendo todos os aparecimentos ilusórios como sendo da natureza do Guru, dedique a virtude e formule desejos auspiciosos.

No oitavo dia da lua minguante, no mês de Drojin, no ano conhecido como "Subjugando Tudo" [quer dizer, o sétimo mês da Porca de Fogo, em 1887], este texto surgiu do lago da mente daquele que suplica que ele possa servir ao Guru do Lótus em todas as vidas – Mipham Nampar Gyalwa.

Que possa haver virtude!
Que tudo possa ser auspicioso!
Sarva Mangalam!

Karma Triyana Dharmachakra (KTD)

A Karma Triyana Dharmachakra é a sede norte-americana do XVII Gyalwang Karmapa, Ogyen Trinle Dorje, o chefe da linhagem Karma Kagyu de novecentos anos do budismo tibetano e o guia de milhões de budistas ao redor do mundo. Belamente situada ao norte das Montanhas Catskill, acima de Woodstock, Nova York, a KTD oferece ensinamentos tradicionais e programações contemporâneas. Seu conteúdo é pensado por mestres da linhagem sob a liderança do Gyalwang Karmapa e nosso abade residente, Khenpo Karthar Rinpotche. A tradução do nome da sede, Karma Triyana Dharmachakra, é "A Roda do Dharma dos Três Veículos do Karmapa", que representa os três caminhos para a iluminação.

Karme Thegsum Tcholing (KTT)

A Karme Thegsum Tcholing é uma associação religiosa de budismo tibetano sem fins lucrativos, fundada em 2005 pelo Lama Karma Tartchin e um grupo de praticantes. É um centro de meditação e práticas da escola Kagyu, uma das cinco linhagens do budismo tibetano (Vajrayana) existentes atualmente. É filiada à Karma Triyana Dharmachakra (KTD), assento na América do Norte do 17º Gyalwang Karmapa. A KTT é dirigida pelo Lama Karma Tartchin, seguindo orientações de seu professor, Khenpo Karthar Rinpotche, abade da KTD, e possui atividades semanais como meditação e ensinamentos sobre o budismo tibetano.

O selo eu**reciclo** faz a compensação ambiental das embalagens usadas pela Editora Lúcida Letra.

Que muitos seres sejam beneficiados.

Para maiores informações sobre lançamentos da Lúcida Letra, cadastre-se em www.lucidaletra.com.br

Impresso na gráfica da Editora Vozes,
em julho de 2018
Tipografia Merriweather 10,5pts